# 날개는 붉은 심장으로 만들어졌다

38

# 날개는 붉은 심장으로 만들어졌다

고경자

현대시학 기획시인선

※ 시인의 말



누에에서 애벌레로 오래 살았다
하마터면 내가 나비인 것도 잊고
살 뻔했다

희망은 간절한 기도만으로는 오지 않아
속절없는 속삭임인 줄 알았다

발치한 틈새로 빠져나가는
부질없는 기록들이
꽃으로 필 수 있다면

나는
나비가 되기로 했다

원래 나비였던 시간들로 돌아가

훨훨
오래 날아오를 것이다

차례

: 시인의 말

## 1부  달의 피라미드

| | |
|---|---:|
| 스페이스 워크 | 12 |
| 달의 피라미드 | 14 |
| 프로텍티드 에어리어 | 16 |
| 샛노란 | 18 |
| 아이드미라두키 | 20 |
| 달의 계곡 | 22 |
| 뉴럴 커플링 | 24 |
| 달의 착륙 | 26 |
| 하루치의 감정 | 28 |
| 호접몽 | 30 |
| 포기를 세다 | 32 |
| 비 참드 하이르타이 | 34 |

## 2부　인디언 포커

| | |
|---|---:|
| 오늘의 범인 | 38 |
| 말의 속도 | 40 |
| 인디언 포커 | 42 |
| 마리오네트의 진술 | 44 |
| 터닝포인트 | 46 |
| 전지적 시점 | 48 |
| 우리에게 필요한 것 | 50 |
| 지는 것들의 반대편 | 52 |
| 인생 네 컷 | 54 |
| 건조주의보 | 56 |
| 여권 그리고 사진 | 58 |
| 손톱 그리고 손톱 깎기 | 60 |

## 3부 연잎 위를 구르는 물방울들

| | |
|---|---|
| 완경으로 가는 배 | 64 |
| 소나기처럼 떨어지는 모과들 | 66 |
| 달달한 통증 | 68 |
| 연잎 위를 구르는 물방울들 | 70 |
| 독박 | 72 |
| 투명하고 창백한 별들의 눈물 | 74 |
| 악어의 눈물 속 빛나는 무지개 | 76 |
| 흔적을 지우는 방식 | 78 |
| 아버지의 저녁 | 80 |
| 구떼 | 82 |
| 카페 레몬트리 300 | 84 |
| 유채꽃 | 86 |

## 4부 폴크사가라는 보름달을 입는다

| | |
|---|---|
| 블러싱 녹아웃 | 88 |
| 눈오리 | 90 |
| 하얀 웃음들 | 92 |
| 봄의 무도곡 | 94 |
| L 크기의 흰구름을 주문합니다 | 96 |
| holiday | 98 |
| 바람의 첫날은 변주되고 | 100 |
| 우리가 입는 이 옷을 뭐라고 부를까요 | 102 |
| 백만 번째 숫자 | 104 |
| 폴크사가라는 보름달을 입는다 | 106 |
| 관계의 모호함 | 108 |
| 흉터 | 110 |
| 착시 | 112 |

\* 해설
심장으로 만든 날개들의 경계 허물기 | 김기덕 (시인)

# 1부

달의 피라미드

## 스페이스 워크

하늘을 걷는 것이 세계를 구하는 방식이라
흔들리는 바람에도 내색하지 않는 행갈이는
내가 갖추어야 할 자세 중 하나다

생존의 늪은 공간을 확장하고
절벽은 눈앞의 착각이라 내딛는 첫발로 가늠할 수 있어
계단이라 믿으며 걷는다

향기로 사로잡을 수 있는 것은 한순간뿐
유혹하거나 유혹당하거나
선택할 수 있는 것은 초침의 속도라서
하늘길에는 새장에 갇힌 것들의 깃털들이 쌓이고

블랙박스로도 잡히지 않는 사각지대에서
식물들의 노래는
햇볕 아래에서 더 잘 들을 수 있어 명랑하다

우리가 정상이라 부르는 구름 속을 통과해

한순간 우주로 팽창하며 날아간다


한 문장이 완성되는 것은

붉은 장미의 꽃잎이 터져 나오는 순간이다


깨어난 말들은 푸른 날개를 가지고

막다른

한계에서 하늘을 걷는다


세계는 스페이스에 매달려 손을 뻗는다

# 달의 피라미드[*]

우리가 볼 수 있는 것은 신들이 만든 도시에서
죽음의 길을 가는 자들의 뒷모습이었다

예약 티켓을 가지고 태어났지만 잃어버렸고
오늘 되찾아와 서랍에 넣어둔 것 같은 역사서였다

어쩐지 그날은 자기 손으로 썻으려고 하더라구요
이 말은 그녀가 예약 티켓을 찾았다는 문장으로 끝난다

달의 피라미드에서 돌아온 운 좋은 사람들은
자기의 행운을 다 써서 이제 남은 행운이 없어졌다고
색이 없는 글씨체의 편지를 꺼내 보지 못했다

살아있는 사람들과 예정된 티켓을 가진 사람들 사이에
경전 같은 피라미드가 높은 굽을 내려놓지 못하고
직각으로 쌓은 계단들이 하늘을 찔러 비가 오는 날이

많았다


피라미드 꼭대기에 사람의 얼굴을 하고 있는 예약 티켓은
어머니의 어머니가 가진 거울로 확인할 수 있어
눈물보다 작은 보름달의 옆구리는 늘 비어 있었다


산란한 햇빛들이 피라미드를 빨갛게 물들이면
우리는 공구르기 하듯 여기와 저기를 붙여
티켓을 가진 사람들을 환송한다


밤이 되면 제물을 요구하는 달의 피라미드가
늑대 같은 울음소리를 내고


모든 문들은 제단이 된다


* 멕시코 테오티와칸 지역의 태양의 피라미드와 죽은 자의 길이 끝나는 곳에 달의 피라미드가 있다

## 프로텍티트 에어리어

삽목한 화살나무에게 아파트는 낮은 천장이었다

뚫고 나갈 수 없는 단단한 창문은
낮은 의자처럼 둥글고 모난 곳이 없다

잎들은 바닥과 천장의 거리만큼 날개를 펼칠 수 있고
나무는 머리 위의 세계가 궁금해 더 높이 자란다

열매가 빨갛게 익어가면 새들이 찾아온다
부러진 자신의 날개를 코르크 날개로 바꾸고

붉은 열매를 쪼아 먹은 새들은
당겨진 활시위만큼 팽팽해져 붉은 심장을 토해낸다

날 수 없는 날만큼 심장은 작아지고

벽과 벽 사이에는 날아간 화살이 박혀있어
뽑아낼수록 더 깊이 박혀 벽을 쪼아대고 있다


아파트 베란다에는 낮은 물살로도 움직일 수 있는 작은 배가 있어
매일 아침 항해지표를 입력하고 저녁이면 완전히 지웠다


화살나무로 바다가 된 베란다에 무심한 달빛이 노를 저으면
떨어진 잎들의 새벽이 찾아든다


새벽에는 모든 것들이 부활의 자세를 취한다


포근한 베란다에서 낮은 천장을 뚫고 날아갈 날개는
붉은 심장으로 만들어졌다

## 샛노란

앉아 있으면 졸음처럼 쏟아지는 우울과
서 있으면 여행이라도 갈 듯 들뜬 마음 사이에는
커다란 호수가 있습니다

  호수는 흔들리는 것들을 가두어 놓으려고 커다란 거울을 비추지만
  흔들리는 것들은 거울 속에서도 흔들리며 바람에 숨어듭니다

  또다시 주저앉으면
  좌절된 목푯값이 하나 늘어나 실패라는 연대시를 써내려 갑니다

  열두 개의 바늘에 찔려도 통증은 제로 값에 가깝고
  우울은 무한대 값에 가까워 시간을 자꾸 앞서갑니다

우울을 가방에 넣고 지퍼를 잠가도 금방 튕겨져 나오는 것은
아직 수평을 모르기 때문입니다

얇은 만두피로 빚었던 어제의 말에서 금지어가 터져 나옵니다
하나의 금지어에는 백 개의 좌절이라는 그림들이 호수 속에 빠지기도 하기에

안 되는 것과 할 수 있는 것 사이에서는 계절을 돌아 나온 흔적이 있습니다
혼절한 계절에는 날씨의 마른 뼈들이 맞춰지고

열병처럼 우울이 퍼지면 방금 꽃대를 밀어 올린 꽃들은 스스로의 생을 궁리하다가 빠른 속도로 말라갑니다

# 아이드미라두키*
—열매달 이레




언제부터인가 내 나이를 잊어버린 엄마가

나이를 자꾸 묻습니다


내 나이의 엄마가 초를 꽂고

내가 촛불을 끄자

케이크를 잘라 접시 위에 나눠줍니다


내년에는 생크림 케이크 대신 아이스크림 케이크를 자르고 싶다고 하자

내년은 오지 않는 아빠와 같다고 말합니다


너는 머리부터가 아니라 발부터 먼저 나왔어

그래서인지 남들보다 일찍 서고 일찍 걸었어


아직 어둠에 낯선 나이라 쉽게 잠들 수 없어

내가 살아있음을 느낄 수 있는 빛이 필요합니다

촛불이 하나씩 꺼지고 다시 하나씩 살아납니다

생일은 오늘 오는 것 같지만
내일 오는 것처럼 설레기 때문에
커다란 택배 상자에 담아 선물로 보냅니다

냄비 속에 미역국이 끓어오릅니다
상현달이 보름달로 차오르는 할머니의 손맛입니다

\* 아랍어로 생일이라는 뜻

## 달의 계곡


이곳이었다
꿈에서 본,
지금 내가 착륙해서 살고 있는

일 년 동안 눈물이 메말랐다
비처럼 내리지 않는 눈물은
어디에서 머뭇거리고 있을까

당혹스러웠던 첫날
이것은 일시적인 현상이라고 여겼다
누구나 겪어야 할 고비사막처럼

사전 예고 없이 멈춰버린 시곗바늘처럼
아무것도 느껴지지 않는 꿈속에서는

한 발자국 내밀면 바스러질 것 같은

질량의 감촉으로 문장들이 헐거워졌다

웃고 우는 것은 표정의 차이야

감정의 불일치로 햇볕과 빗방울이
서로 나오기를 머뭇거리며

매번 떨어지는 것은
피어나기 직전의 떨림 같은
파동으로 잔무늬를 새기고
떠도는 바람들이 돌의 뼈를 깎는다

떠다니는 입자들이 너무 미세해서
알아보기 힘든 말들이 돌의 뼛속에 박힌다

# 뉴럴 커플링*
—인어이야기


적막이 바닷물처럼 흐르다가 G단조로 멈출 때

거미줄 사이로 비친 하늘에

노을이 사선으로 발자국을 찍으며 바다로 뛰어든다


당신 이야기는 바람이 꽉 찬 타이어처럼 검고 매혹적이어서

심장은 파도치는 바다를 알아야 했다


모래알처럼 매끄러워 손끝에서 빠져나가기 쉬운,

놓치고서야 촛불은 꺼져버린 어둠을 이해했다


처음 말과 중간 말에는

잃어버린 목소리가 헤매고


타는 듯한 햇볕에서 심장이 부서질 때

달은 떠오르다 사라지고

바다는 아득히 멀어져 갔다

너와 나의 운명을 손가락에 걸었을 때

어제는 헐거웠고 오늘은 꽉 끼었고


달아나지 못해 그림자가 되어버린 말들은

바다가 들려주는 노래에 파묻혔다

*특정 캐릭터가 신뢰할 만한 변화를 보일 때 관객도 변하는과정

## 달의 착륙

발이 닿았던 공간에서는 종유석이 자라났다

일어서려 해도 자꾸만 잡아당기는
만유인력의 법칙 앞에서 매번 주저앉았다

문을 닫았는데도 시베리아의 차가운 빙벽이 둘러졌다

하얗게 얼어버린 생존은 차가운 물방울을 토해내고
기다리는 순간은 얼음밭이었다

소리는 나오는 순간 동태처럼 덕장에 널렸고
햇살마저 외면한 추위가 살 위를 칼질하듯 스쳤다

어디에서든 양보받는 나이의 물렁한 관절은
몸 밖으로 이탈하다 제자리로 돌아오곤 했다

거리가 멀어진 가족들 대신

119의 사이렌 소리가 다가왔다가 멈췄다가
소슬바람처럼 귓가에 웅웅댔다

계단을 올라오는 발자국들이 햇빛처럼 퍼져가고

따듯한 온도의 습성을 지닌
달의 착륙이 이루어졌다

# 하루치의 감정

뜨거운 태양 아래에서

하루치의 감정을 배불리 먹었습니다

상처가 쉽게 회복되지 않는 것은

나이 때문이 아니라

생각의 깊이 때문입니다

 차마 말하지 못하는 것은 깊이 들여다볼 뿐,

따라 할 엄두를 내지 못한 자신을 설득합니다

생각의 각질은 어제의 죽음을 오늘의 눈으로 해석하고

결과는 여러 갈래로 처참합니다

서투른 바느질로 상처와 생각을 깁고 싶은 날입니다

잠들지 못하는 밤에는 시들해진 감각들이 모두 살아납니다

쓰지 못해 내버려둔 문장들을 뒤집어쓰면
너라는 글씨가 써지고

잘못된 행동을 수정하는 것이 연습뿐이라고 말합니다
이것이 정답이니 당신은 고쳐져야 합니다
강요 대신 부탁이라고 말해두겠습니다

얼굴만으로 평가받는 것을 고민하다 보면 내 목소리는 상공을 벗어나지 못하고
누군가 이상하다 했을 뿐인데 그때부터 어느 동굴 속에 파묻히고

하루치의 감정을 채우고 비우는 날이 넘쳐납니다

넘치는 것들은 아주 가까운 미래를 향해 흘러갑니다

## 호접몽


자라나는 것들은 선택의 폭이 넓고도 좁아

막다른 골목길에 도착하고서야 길을 잃어버렸다는 것을 안다


기억에도 없는 꿈을 엄마는 내 꿈이라고 얘기했고

가난은 때때로 선택할 수 있는 것 대신

포기하라는 말에 가까웠다


동기들이 자격증을 따고 취업하는 동안

자격증 시험도 보지 못한 나는

가난한 꿈을 좇느라 매번 헐떡거렸다


앞과 뒤 그리고 중간

나는 늘 중간 어디쯤 서 있었고

세상은 바다처럼 넓고 고요한 곳이라 여겼지만

동네 앞 실개천처럼 얕고 투명해서

보이는 것과 보이지 않는 것으로 나뉘었다

응시번호 0000님께서는 불합격입니다

올해의 운세는 내년을 위한 발판이라는데
도전과 실패의 수가 같아질수록 늪에 빠지는 하루

당신의 꿈에 한 발자국 가까워졌다는 메시지가
낮달처럼 하늘에 갇혀 펄럭였다.

## 포기를 세다

아이들은 옥수수처럼 키가 자라 여물었고
나는 잘 마른 시래기처럼 주름지고 퍼석거렸다

애야 통통한 네 손을 보니 내 손은 주름이 많아졌구나
내 손도 그런 시절이 있었는데
엄마는 잠시 내 손을 잡았다 놓았다

가슴에 멍울이 만져진다는 엄마와 함께 갑상선 유방센터
에 간 날이었다

나는 왼쪽 오른쪽 양성종양으로 치료를 받았고
엄마는 오래전 자궁을 잃으셨다

나는 수유를 하지 못했고
엄마는 다섯 명에게 오래 모유 수유를 했다

나는 자궁을 적출하라는 의사의 권고를 귓등으로 밀어내고 있었다


아이들은 비혼주의를 내세우고 나는 그 생각에 찬성하고 엄마는 아니라고 반대를 한다


선택할 수 없는 것과 선택을 하지 않는 것 사이에는
포기라는 넝쿨이 담장을 넘어섰다


엄마의 선택은 우리를 기름지게 했고
나의 선택은 포기를 받아들이는 것이라 여겼다

## 비 참드 하이르타이*

그림자가 생기기 전에 빛이 사라졌어

빛이 사라지고 그림자가 사라지고
나무처럼 서 있는 사람에게
하고 싶은 말들이 등 쪽에서 자라났어

비 참드 하이르타이

햇살이 건네는 말을 머리핀처럼 꽂았어

기분이 좋아지는 오후야
서로를 당기는 자석처럼

플롯을 연주하다 놓친 음 하나가
풍선으로 떠올라 풍등처럼 떨어져

비 참드 하이르타이

바람이 던지는 말을 스카프처럼 목에 둘러맸어
멋스럽게 매는 방법은 모르지만

안 쓰던 마음의 근육을 꽃처럼 말아 너에게 주었어
시큰둥한 네 얼굴이 그늘막처럼 햇볕을 막고 있었고

한 번 던진 말이 새별오름처럼
직각에 가까운 경사를 지니고 있어

계단은 던진 말들이 잠시 머무르는 공간,
정상에 올라갈 때까지 살아있는 말들이
은빛 억새로 피어나는 거야

곶자왈의 석란처럼

어디에서든 잘 자라는 말이 있다면

비 참드 하이르타이

누구에게나 아끼는 말 대신
나누어 주는 말처럼

살랑살랑 비치는 햇살처럼
다정한 말이 있다면

비 참드 하이르타이

\* 몽골어로 '사랑해'라는 의미

# 2부

## 인디언 포커

# 오늘의 범인



오른손의 감정을 왼손의 고요로 덮어 지구를 돌립니다
억양이 올라간 당신은 오늘의 뉴스를 읽고 사람들은 내일의 운세를 짐작합니다

다른 나라의 침공 소식이 우리에게 미사일로 터져 하루가 긴박합니다
물기 묻은 손으로 하루를 잡으면 메마른 땅들이 갈라져 아우성을 치는 피난민들의 긴 행렬이 나타납니다

눅눅한 후렌치 파이로 하루를 살 수는 없어 에어 프라이기에 돌려 바삭한 식량을 얻었습니다

열매 나무는 남동향 집에는 어울리지 않아 누런 이파리가 돋아납니다
영양제 대신 먹는 비타민C에서 새파란 잎을 기대하는 오늘을 두 배속으로 감습니다

우리 집은 냉골이라 전기세가 다른 집보다 두 배가 나온다고 투덜거리는 것은 지구가 둥글어서라고 말하기 어렵습니다

방금 생각난 말 대신 어제까지 했던 말을 하는 것은 신문의 정면을 바라보는 오랜 습관 때문입니다

예고편으로 영화를 선택하는 것은 편향된 시선 때문에 전쟁이 반발한다는 말과 같습니다

산불은 강풍으로 영역을 확대하고 건조주의보 속에 발화된 얼굴들이 번지고 있습니다

오늘의 뉴스는 이상징후를 알고도 모른 척한 우리를 지목합니다

## 말의 속도


당신이 처녀나무 꽃잎처럼 나풀거려요

언젠가 우리의 세상이 파괴될 거라고 소문을 퍼뜨리는 먼지들의 잔꾀가 소용돌이쳐요

먼지로 가득한 세상에는 밝은 눈을 가진 예언자가 없어 그들의 어떤 말도 짠맛을 잃어버린 소금처럼 버려져요

매일 창문들이 흔들리는 이유는 얇아진 귀로 거르지 못한 소문을 쉽게 믿었기 때문이에요

사물의 표면에서 떨어진 것들은 붙어있었던 지난날들을 생각해요 굴절된 햇살 아래에서 속죄를 꿈꾸는 어린 양처럼 순진하고 겸허하게

하루하루 창들은 늘어가고 폭증하는 말들은 접어둔 바람

을 타고 혈관 속으로 스며들어요

어제 넣어둔 꿈들이 접근금지 해제되기 전 불안으로 불면증을 앓고 있어요

당신에게서 떨어진 나는 심장이 멈춰버렸고 돌아갈 길은 하나뿐인데

수 세기 전 도착한 예언은 설명이 필요하고
눈먼 시대에 귀가 먼 말들이 달콤한 입속에서 수런거려요

눈물이 나풀거리는 꽃잎을 멈추게 하면
예지몽을 꾼 당신이 깨어나요

## 인디언 포커*

등이 가렵다

미친 듯이 가려운 등을 긁기 위해

오른쪽 날개로 계단을 만든다


닿지 않는 만큼

더 가려운 등은 성난 파도 같다


긁지 못한 오른팔의 관절은

예각보다 둔각의 동심을 지녔다


등은 내 것이지만

다른 사람을 위한 태평양 어느 바다,

내게 하지 못한 말이 적혀있을 때

나는 파란 물결을 만들었다


분필로 칠판에 찍————

긋는다

아이들은 귀를 막고 달아난다

파도가 깨어난다


손 좀 빌려줄래

등을 시원하게 긁어주면 좋겠어


곰팡이 같은 푸른 멍

그가 떠나고 등은 계속 가렵다


누구에게 등을 쉽게 내보인 거야


나는 다른 사람에게 빌려주고

받지 못한 것들을 헤아려 봤다


\* 자신이 가진 카드는 못 보고 상대의 패를 보고 하는 게임

## 마리오네트의 진술

이제 그만 끊어줄래요

밤이면 관절이 떨어져 나가는 것은 별들의 속삭임 때문이죠


떨어져 나가는 조각들을 철사로 붙들어도

팔랑거리는 심장을 붙들어 놓지 못해요


툭 튀어나온 턱관절이 입술을 지배해요

말하고 싶은 순간에도 소멸하는 소리가 있어 SOS를 보내요


발목에 비해 너무 큰 발로 걷고 있어요

험난해도

솟아오르는 욕망을 주체할 수 없기 때문이죠


부릅뜬 눈은 아무도 모르게 감추고

 목을 조여오는 줄이 너무 팽팽해 숨 쉬는 것을 잊어버릴 때가 있어요

하나의 동작에 흐르는 눈물에는

담쟁이처럼 벽에 매달린 잎들의 화려한 문양이 새겨져 있어요


노래가 시작됩니다

어깨춤을 추며 걸어갑니다

목소리는 항상 뒤편을 말합니다


끈이 길어지면 구성진 하소연이

짧아지면 각박한 랩이 튀어나오네요


완고한 손들이 춤을 강요하고 동공은 더 커지고

발은 항상 앞을 주시합니다


달아날 준비가 되었습니다

# 터닝포인트
―굴렁쇠는 소리가 없다


하루에 만 보를 걸으면 돈이 굴러온대요
거리를 외우고 자세를 복사하고
햇볕에 타버린 비커는 아직도 물이 절반이나 남았어요

걷는 동안 돌릴 수 있는 룰렛을 모두 돌려 얻을 수 있는 동전들이 사각형의 저금통 속에서 새집을 지어요

복사빛 겹벚꽃이 피는 계절을 소환하는 것은
오로지 햇볕만이 할 수 있는 일은 아니에요

다정한 말씨로 시작한 말에서는
표정이 바뀌는 계절이 한 번쯤 제자리로 돌아와요

앉았던 의자에서 얼마나 많은 개미들이 올라왔다 내려가던지
작은 구멍 속으로 사라지는 것을 눈으로 보고 가슴으로

잊어요

  삼십 분마다 먹구름 한 점 없는 시린 하늘을 보면서
  물 한 모금 마시는 것은 징조를 읽기 전에 구조 신호를 보내는 것이에요

  지층 사이에서 일어나는 현상에만 집중하면 보이지 않는 것들의 소란이 더 불씨가 돼요

  유채꽃의 계절은 순환되고
  행성들의 그림자를 염탐하다 이모작을 발화시켜요

  날씨를 프라이팬에 볶아 스크램블을 만들면
  온도는 구름을 둥둥 떠다니는 발자국으로 남아요

## 전지적 시점

  그와 그녀의 곁을 지키는 수백 개의 눈들 중 하나인 우리는 흰 꽃의 주름으로 포개져서 달아날 수 없어요

  그녀를 바라보는 전지적 시점으로 오늘을 살아요
뻔한 얘기 속에서 우리는 서로를 바라보기만 해요

  같은 말에서 여러 개의 눈물이 떨어져 굴러다니고
한쪽으로 치우친 반달의 각도만큼이나 혹독해요

  내가 될 수 없는 그와 그녀 외에는 알 수 없는 말이
수백 개씩 피어나 민들레 씨앗처럼 퍼져요

  눈앞에 보이는 늪을 피할 수 없는 이유를 매일 적어요
화살이 지나간 자리마다 허공의 탯줄을 만져봐요

  절망이 지나쳐 아무 소리도 내지 못하는 바람에는 벚꽃

향기가 나요
　숨죽여 우는 꽃대를 피워 올리려고
　하루를 꼬박 지새우고 씨앗 하나 얻어가요


　어차피 우리는 서로를 모른 채 감정만을 남기고 서로를 잊어요
　살구꽃 향기가 그녀의 배후인 듯 머물렀던 배경을 장식하고
　그녀의 그림자로 야금야금 사과를 베어 먹어요


나를 알아보는 사람들은 어차피 라는 바람 풍선을 날려요


어쩌면 우리들의 궁전을 만들 수 있을 것 같아요
여기서도 버려지는 고양이의 야생을 배워야 할 것 같아요

# 우리에게 필요한 것

나는 절망이라는 원석을 세공하여 삶이라는
열 평 남짓의 전원주택을 하루에 설계할 수 있어

날아가야 할 나라는 멀고
꾸미지 않고 입어도 되는 낡은 외투는
포근한 계절을 덧입고

청동거울 같은 심장을 닮아 붉은 피를 뿜어대고

태어난 순간을 일출이라 말하고
저물어가는 노을을 눈물이라고 말하면
그 사이에 모든 것들은 선물이야
너에게 줄게

선물로 받았으니 어떻게 쓰는 것은 당신의 몫
계산에 약한 당신에게 플랜 B가 필요할 거야

날아오른다

새들이 아무 목적 없이 자유롭게


너무 일찍 일어난 날에는

해야 할 일과 하고 싶은 일들을 선택해야지

너무 즐거워서 배가 고픈 남극 곰이 되고


이런 날에는 갓 튀긴 닭 날개와 샌드위치를 가지고 소풍을 가고 싶어


도시락보다 더 재미난 전원주택을 꿈꾸는 것은

빚으로 빛을 내는 거미줄에 걸리는 것


부디 용기를 내서 날아보길

# 지는 것들의 반대편

지는 것들은 꼬리가 길어서 쉽게 달아나지 못하고 밟아도 쉽게 사라지지 않지

오후부터 대나무를 흔들어 대는 바람은
밤이라는 풍경을 집으로 끌어오느라 신발이 닳았고
어느 집에 들렀다 오느라 제시간을 놓쳐버린 봄비는

한여름 폭우처럼 내렸다 넘겨지는 페이지마다 흐르고
글자는 부서져 내리는 성처럼 앙상한 뼈만 남기고

꽃들은 흐드러지게 피는 것만 열중하고
지는 것은 남의 일로만 여겨 바람에게
비에게 등을 보이는 허술함으로 기억되는

흐드러지다라는 말속에서 너는 활짝 핀 벚꽃 송이처럼 웃는 것과

내일이 없는 말속에서 하나를 고른다면
나를 지나쳐 간 너와 나 사이의 발자국일지도 몰라


세상에서 가장 포근한 밤을 벗어던진 아침에 네가 떠날 것 같아
잠들지 못한 내 얼굴이 세숫대야로 떨어지면


막 피어난 홍매화 꽃잎으로 지는 사월의 햇살 한 자락이 꼬리를 자르고 달아난다

# 인생 네 컷

실화를 바탕으로 만들었습니다
역경과 눈물이 예상되고
관객들은 오아시스 같은 유머로 눈물을 닦아냅니다

이것은 생방송입니다
다른 사람을 등장시킨 내 인생이니까요

찍어줄 사람과 연기할 사람과 관객이 되어 줄 사람도
결국 한 사람
내가 있어 다행입니다

내가 아직 눈물을 흘리고 있는 것에 놀라서 한 편을 더 찍었습니다
각본 없는 드라마라 눈물은 말할 필요 없는 가로가 됩니다

헝그리 정신의 권투를 선택하겠습니다
무한한 가능성의 서사가 BGM으로 깔립니다

노숙자들의 세계축구대회는 전패라고 씁니다
눈물이라고 읽은 고봉밥 같습니다

예고편은 자극적인 맛에 길들인 현대인의 3분 카레
전자레인지에 돌려도 맛은 똑같아서
냉동실에서 하얗게 빛나는 설레임입니다

고지에서 깃발을 흔들려면 먼저 일어나는 새가 되어야 하지만
새들에게도 취향이 있겠지요

실화를 바탕으로 만들어진 영화를 보다가
내 인생이 그것보다 더 슬픈 것을 알게 됩니다

엔딩 크레딧에 오르는 하나의 이름으로
내 인생 한 편이 완성되었습니다

## 건조주의보


건조주의보가 발령되었습니다

침대에 걸터앉은 초록이 발을 동동거려요
잃을 것이 많아서 내어줄 수 있는 한계를 막 벗어났어요

이상형인 그녀의 연기는 거칠고 삭막해요
처음 연기를 시작한 신인처럼 감정이 없는 표정에서
시베리아의 폭풍이 휘몰아쳐 와요

아버지를 닮은 눈망울이 바닥을 굴러요
스트라이크존에 빨간 경고등이 켜졌어요

얼굴을 아는 사람의 이름이 생각나지 않는 것은
기억 속 회로가 너무 건조해졌기 때문이라고 진단해요

어제를 살다 온 파랑은 치즈처럼 늘어지고

지성이던 피부가 건성이 된 것은

사막의 자잘한 모래가 얼굴에서 만져지기 때문이지요


우리가 마르고 있는 것을 모르고 있는 것은

아직 축복이 마르지 않았기 때문일 거예요

# 여권 그리고 사진

연기가 피어오르는 따듯한 게르에서 수테차를 마시는 상
상을 했어

여러 나라를 여행할 수 있는 여권이 필요하지

필리핀, 홍콩, 마카오, 심천을 한꺼번에
그리고 일본

귀가 보이고 이마를 보여야만 하는
귀걸이와 목걸이는 할 수 없는

왜 하면 안 되는 거야
한다고 내가 아닌 것도 아닌데

가고 싶은 나라와
갈 수 있는 나라는 가깝고 멀지 않아

그래서 더 가보고 싶은 거겠지


다음 여행지는 무조건 유럽이면 좋겠어
오래 비행기를 타고 오래 잠을 자면서
몇 끼니를 기내에서 먹고


허니문에서 못 해본 허니문 베이비도 가능할까


몽마르뜨 언덕에서 화가로 살고 싶었는데


결국 흙으로 돌아가는
게르의 삶에서 별을 그리며
여행 스탬프를 찍을 거야


떠돌고 떠돌다가
유목민을 기다리는 집으로 돌아갈 거야

## 손톱 그리고 손톱 깎기

  달의 창문은 밤에 잘라야 동화가 됩니다

  손톱을 잘 자른 첫날은 기분이 반듯합니다
  넘치는 것이 없으니까요

  무료한 하늘에 떠오른 낮달처럼 긴 손톱은 아무 의미가 없지요
  어디서 태어나는지 모르는 바이러스가 증식하는 시대니까요

  반들거리는 손톱입니다
  빈혈이라고 말합니다
  세로결이 나 있네요
  빈혈입니다

  오후에 갓 태어난 고양이가

발톱으로 찢어 공허한 시간을 찾아냈어요

어제 나는 누군가의 시간을 잘라서 붙였고

당신의 의자가 깊은 늪에 빠져 있습니다
초록색 잔디 위로 끌어올립니다

내 얼굴이 지워집니다
이것도 빈혈입니다

손톱이 자라나는 새벽에 맞춰
뼈에서 만들어진 혈액이
심장을 따라 빠르게 돌아도
빈혈은 숨 가쁘게 흐릅니다

손톱을 깎은 밤에는 반듯한 기분으로 노래를 부릅니다

부족한 빨강이 밤새 노래집니다

손톱을 자르고 나온 달은
먼 행성에서 가져온 노란 피를 수혈받는 중입니다

다음에 손톱을 잘라야 하는 날은
은하계를 떠돌던 별똥별처럼
빨간 우편함 속에 느닷없이 찾아옵니다

당신의 의자가 깊은 늪에 빠져 있습니다

# 3부

연잎 위를 구르는 물방울들

# 완경으로 가는 배
—오랜 방황의 끝


기대는 잔잔한 빗금으로 만든 그릇입니다


얼굴을 씻어도 지워지지 않는 얼룩이
빗금보다 섬세한 문양으로
햇살의 크기만큼 잘게 부서지는 것은
오랜 시간을 서성댄 증거입니다


왈칵 쏟아내는 울음이 두려워서 눈물을 모른 척해 봐도
번번이 실패라는 누룩이 발효되기까지 습지를 떠도는 것은
어쩔 수 없는 생의 굴곡이 아닐까 하여 쉽게 돌아볼 수 없습니다


비로소 완성되어 가는 그림 앞에서도 환하게 웃지 못하는 것은
아직도 이행단계라는 또 다른 건널목이 있어
차단막이 내려진 기찻길 같은

초조함 때문일까요


예고 없이 찾아온 빈혈로 쓰러지는 상상을 하면서
때때로 꿈속에서 이유 없이 쓰러지는 나무를 보았습니다


가마에서 구워진 토기 하나로 명명되어진 시간이
청자빛 하늘로 타오르는 오후는 이제는 낯설지 않습니다

# 소나기처럼 떨어지는 모과들


당신이 모과처럼 떨어집니다


노란 모과는 당신의 심장을 닮아 느린 박동으로
쿵!
바닥에 떨어져 있고
사람들은 당신의 짧은 말을 생각합니다


나는 금방 잊히는 당신을 닮아갑니다


한 마지기 논을 농사지은 당신의 어제는
오른쪽 손처럼 길어가고
오늘은 태풍의 눈에 갇혀버린 벼 이삭처럼
왼쪽 손은 짧아져갑니다


우리는 겨울 같은 유년의 시간을 버리고
오늘을 길게 사용하는 방법을 발효시키는

지혜가 필요합니다

익어가는 것들은 가르쳐주지 않아도

방법을 터득하는 노란 벼를 닮았습니다

당신과의 이별이 가까워지고 있습니다

내가 울었다는 것을 아는 것은

말을 아꼈던 당신의 말이 익어가기 때문입니다

다 하지 못한 당신의 말이 노란 모과처럼 떨어집니다

## 달달한 통증


담벼락에 핀 능소화가 땅을 향해 고개를 꺾고 있었어

악의를 가진 손에 의해 절명한 순간
통증은 가시처럼 박혀 들었고
팔월의 하늘은 흰구름의 전령사처럼 전투적이었어

고개를 받드는 것이 무엇인지 몰랐던 시간으로 돌아가는 것을 용기라고 말하고 싶어

진홍색 핏물이 다 빠지기 전에 해야 할 말은 어디에 써야 할까

부르고 싶은 이름들이 벌침처럼
톡! 톡! 톡! 튀어나왔어

머리를 감는데 허리에서 전기가 번쩍 들어왔어

불규칙하게 살아가는 것이 정답일까

몸의 신호를 따라가 보면 답이 없어 보여


나이를 통과한 통증이 신경을 타고 흐르고

허리의 기울기가 피사의 탑처럼 꺾어지는 것은

내가 인류의 기원을 재현하고 있기 때문이야


달달한 통증이 있을 수 있을까


처음에는 태어나기 위한 몸부림으로

날개를 펴기 위해서라고 엄마는 말했어


선물이 선물 같지 않을 때 거절해야 하는 방식을 누가 알려주면 좋겠어

# 연잎 위를 구르는 물방울들

동그란 경전이 연잎 위에서 춤을 추고 있다

공중에서 떨어진 물방울들이 모여
세상을 바라보는 하나의 눈이 되었고

손을 내밀었다 주먹을 쥐고 돌아서면
그의 뒷모습 같은 얼굴이 어룽거렸다

지난밤 울컥대며 쏟아지는 소리는
까만 어둠 속에서 꽃대가 올라오는 노래

허공에서 말 대신 춤을 추는 것은
작은 물방울이 큰 바다를 품었기 때문이다

진흙밭에서 혹은 허공에서
푸른 연잎들이 행간을 향해 흔들리고

물방울들이 승무의 긴 옷자락이 되어 나풀거리고

하늘을 쳐다보는 민낯의 시간 앞에서
물방울로 모여진 손들은 푸른 말로 영글어간다

나에게 물방울의 춤사위가 있다면
경전을 해석하는 한 개의 눈을 가질 수 있을까

세상은 온통 연잎 위에 물방울 구르는 소리로 가득하다

# 독박

우리의 연애를 고스톱에 비유한다면
누군가 다 털리고서 씁쓸한 뒷맛을 내는
철 지난 수박이거나 딸기 같은 것일까

너는 적게 먹어도 좋다고 3점만 나오면 바로 스톱을 눌렀어
나는 원고 투고 쓰리고까지 후회 없이 먹고 싶었지만 독박을 쓰기 일쑤였고

편의점 이벤트 행사를 체크하는 알림이 울릴 때마다
이제 지겨운 연애 같은 맛들이 줄줄이 쏟아져

2+1, 3+1, 1+1

네가 제일 좋아하는 1+1
연애 시작 장소인 편의점에서 호감이 갔어

내가 좋아하는 1+1

고민하는 눈썹이 초승달처럼 까만 하늘에 반짝였어

재미있는 사람이구나 했는데 우연이 우연을 불러

우리는 몇 번 만났고 사귀고 있는 중이야


우리에게 중요한 것이 무엇인지 잊어버리기도 하고


한여름의 초파리

플라스틱에 맥주를 부어 네 마리를 잡았어

쓰레기통을 열자 세 마리가 도망치고


네가 나를 버리고 간 고약한 방식이었어


가버린 서사 따위에 눈물이 나지 않는 것은

나만의 연애 방식이 겹겹이 쌓이고 있기 때문이겠지

# 투명하고 창백한 별들의 눈물


삼 일 내내 종이꽃이 활짝 핀 관이 있었어
관은 비었지만 오싹한 기분이 들지 않았어

꿈속에서 내 이름을 부르던 당신의 목소리
그날 새벽 부고를 알리는 전화가 올 줄 알았어

당신에게 지금 어디에 있냐고 물었지만
대답을 들을 수 없다는 것을 알고 있었어

알 수 있는 곳에 없을 거라고 의심했을 뿐이야
의심이라는 작은 구멍에 손을 넣었다 뺐더니
백일홍이 유달리 예쁘게 피는 계절이 왔어

벚꽃이 늦게 피었다 꽃비로 내린 사월
거실 한가운데 걸린 가족사진에는
정지된 시간이 해바라기로 피어났어

당신에게 보낸 편지가 이제 도착한 거야
그때서야 느린 시간이 있다는 것을 알았어

있어야 할 자리에서 사라진 것들이
깊은 관 속에서 차곡차곡 개지고 있었어

기습공격을 퍼부었던 소나기는
연극이 끝날 때까지 멈추지 않았어

별과 별 사이에
투명하고 창백한 눈물이 떨어질 때
비로소 마침표를 찍는
사랑이라는 것을 너무 늦게 알았어

# 악어의 눈물 속 빛나는 무지개


그녀가 주르르 흘린 눈물은

오늘의 가면이 필요해


오답을 요구하는 지문은 너무 길고

엄마의 인생처럼 복잡한 서사를 얘기했어


시험 시간은 너무 짧고 마킹하는 손은 떨려서

두레박이 있어도 우물을 찾지 못하듯

펜을 들어도 답을 적지 못하고


딱 일 분만 뒤로 돌아갈 수 있다면


결과를 기다리는 마음은 기적을 바라는 걸까

감독관이 내 시간을 거둬들이고 있어


낮과 밤 사이에 붉은 노을이 있었던 것은

신의 용서가 있었기 때문일 거야


합격자 명단에 잊었던 내가 있었어


또다시

내일을 기대해도 좋을 것 같아

# 흔적을 지우는 방식

불안전한 입술이 밥을 먹다가 삐뚤어졌다

떨리는 팔이 젓가락질을 하다 입으로 가지 못하고 김치를 떨어뜨렸다
흰 바지에 김칫국물이 빨갛게 물들었고
옷의 자국은 세제로 지워졌지만 내 마음에 얼룩진 흔적은

지우는 방식을 너에게 물으면
그냥 그대로 두면 다른 무언가 와서 덧입혀질 거라 했다

어제는 강아지가 집을 나가서 돌아오지 않았고
오늘은 네가 나를 떠나 돌아오지 않겠다고 말했다

월급이 통장으로 들어와서 또 다른 곳으로 흘러가고
내 통장은 호수 같아서 밑바닥이 훤히 보여도 슬픈 기척이 없고

누군가의 갑작스런 죽음이 망막을 찌르고

 며칠째 떠나지 못한 밤이면 더욱 소리를 지르고

 살릴 수 없는, 살릴 수도 없는 침묵이 매번 심장을 도려내고 마는


일기예보에 없던 소나기로 발자국은 요란하고

우산을 쓴 사람들과 짙어가는 먹구름의 속사정이 축축하다


오늘은 당신의 얼굴이 그림자로 떨어지고 있어

내일은 흔적만 남을 것 같은 당신의 이름을 어떻게 지울까

생각하다 잠들면

꼭 당신이 사랑한다고 고백할 것 같은 밤이다

# 아버지의 저녁

접어둔 새들의 날개가 어둠을 몰고 오면
팽창했던 오후는 동그랗게 말아지고
보이지 않던 숲의 뒤를 쫓으면
시간을 지운 가로등이 하나씩 커지고
어제의 이름들이 댓잎처럼 파랗게 흔들린다

누군가의 얼굴이 낮달에서 환한 반달이 되기 위해
어스름한 오후가 저녁에 들기 위해

과녁을 명중한 분침이 노을처럼 떨어지고
아버지의 꼬리를 밟고 온 저녁이
양은 냄비로 끓어오른다

태풍은
무지개가 떠오르길 바랐지만
사정권 안의 모든 것을 휩쓸고 지나가고

희망은 간절함만으로는 오지 않는다


젖은 어깨를 닦지 못한 채
멀리 떠난 아버지의 선택은
맛있는 저녁을 짓기 위해 뜸 들이는 시간이었다


깊은 어둠 속으로 들어간 아버지가 우리를 부른다
가마솥에서 구수한 보리밥 냄새가 넘쳐난다

# 구떼*

점심과 저녁 사이의 배고픔이
부스럭거리며 몰려드는 시간

웃는 얼굴과 우는 얼굴의 감정이
호수에 던져지는 시간

왜라고 묻는 공복이
구겨진 얼굴로 그려지는 것은 당연한 것일까

우리가 사람이라는 명제로 시작한 말들이
푸른 잎과 진분홍 배롱나무에 걸렸어
먹지 못한다면 뱉어야지

사이와 사이에 먹었던 비스켓
달지도 짜지도 않아 맛있다는 어른 입맛은
이 나이에 발견한 구떼

어젯밤 누군가 소리 없이 가 버렸다는 것을 알았을 때

별들도 구떼라는 구름 속에서 바스락거렸어

접시 위에 스프 냄새가 달콤해

우리의 영혼을 배부르게 하는

밤의 침대가 부풀어 오르고 있어

\*프랑스어로 간식이라는 뜻

# 카페 레몬트리 300

우리의 대본이 꽃병 속에서 피어났어
너는 백합 같은 화려함으로 속삭이고
나는 안개꽃으로 듣고 있어
우리의 이별이 마지막 장면으로 연출된 것을
축복이라 믿으며

와이퍼가 얼룩처럼 떨어지는 비를 밀어내지 못해 망설이고
우산을 쓰지 않아도 될 애매한 비가
얼굴에 이별이라고 쓰려면
비의 떨어지는 속도 $x$와
얼굴의 표면장력 $y$
미지수 시간 $z$의 크기는 얼마여야 하는지

한여름 폭염처럼 뜨겁게 왔다가
하르르 첫눈처럼 가버린 너의 말에는
주어는 없고 동사만 있어 어떻게 이해할지 몰라

카페 레몬트리 300을 냉장고에 쑤셔 놓고

더블 샷에 샷 추가된 커피는
이런 일로 그런 결과를 가져오기에는
저런 페르소나를 보여주지 못했기 때문이라고 해야 하나

바닐라 라떼
우리의 유일한 공통점이
너의 부재로 달콤한 냄새를 잃고
오늘은 냉장고에 쑤셔 놓은 카페 레몬트리 300을 마셔

우리의 대본이 꽃병 속에서 지고 있어

## 유채꽃


심장만큼 따뜻한 말들이 애인의 그림자처럼 따라다닌다

아직 애인의 손을 잡고 다니기에 적당한 계절
한낮에는 서로의 땀과 눈물 같은 마음을 읽을 수 있어
서로에게 건네는 말들이 꽃비처럼 떨어진다

오래된 습관처럼
다른 것을 응시하는 우리의 시선에도 환하게 피어난다

지난겨울은 서로의 체온을 느끼기에 좋은 계절

벚꽃이 피는 시간을 따라 우리의 약속이 깊어졌고
잊힌 빨강에 첫 이라는 입술이 닿아 있다

청혼을 해야지 라는 생각이
사월 한낮의 기온처럼 뜨겁지만
받아들일 네 생각은 반지처럼 둥글어져 간다

# 4부

폴크사가라는 보름달을 입는다

# 블러싱 녹아웃

어제를 깎아서 오늘을 찍어보면 사과가 보여요
사과 속에는 어제의 당신이 잠들어 있지요

당신은 연극배우라 꿈속에서도 무대에 서 있네요
분장한 얼굴은 화려하지만 뒷모습은 너무 쓸쓸해
표정을 속이는 거울 속에 숨어 들어요

당신은 이번에도 조연이네요
사랑하는 여인을 바라보는 남자라서
대본대로 연기하면 주연과 멀어지고 말지요
주인공들의 해피엔딩은
너무 식상하지만 보편타당한 상식이니까요

마음은 그냥 흘려보내야 하는 것
당신은 현실에서도 그녀를 보내고
혹독한 어제를 살고 있지요

당신의 꿈은 웅덩이에 빠져 영원히 찾을 수가 없어요

당신을 이해하지 못하는 마법에 걸렸어요
어제를 원래대로 돌려보내면
당신은 깨어날까요

오늘은 꽃잎 하나 떨어뜨리겠어요
분홍 분홍 분홍
세상이 온통 분홍으로 물들면
오늘이라는 시간을 입고 당신이 깨어날까요

# 눈오리

두 개의 발을 가진 오리들이
나뭇가지에 매달려 풍경처럼 울고

첫눈 오는 밤 탄생한
똑같은 생김새의 눈오리들은 어제를 모르고
오늘이라는 일출을 보기 위해 새벽을 기다리고

어스름 붉은빛이 도착하기 전까지 새벽을 알 수 없어

새해 첫날 출근은
아침의 늦은 걸음에서 출발해서
해가 지는 빠른 걸음으로 마침표를 찍고서야
눈오리들은 어제라는 시간을 이해했어

눈꽃으로 피었다가 눈물로 떨어지는 겨울이
백색의 연등처럼 배롱나무에 달려있고

어둠이 스멀스멀 올라올 때 노을은 더 짙어지고
날개 속에 한낮의 온도를 파묻고 있어

오늘은 1월 1일
눈오리가 시베리아를 건너기 위해 떠나듯
네가 떠난 지 첫날이라고 기억되는 날
이별이 익숙해져야 하는 나이를 세고

붙잡고 싶은 것은 오직 시간뿐이란 것을 알아가는
어제는 노을빛 하늘로 멈춰 서 있고

# 하얀 웃음들

LOVE라는 글자와
세 개의 의자를 놓았습니다
흰색 옷과 청바지로
가깝고도 자유로운 가족입니다

이십 대의 시간은 너무 느리고
팔십 대의 시간은 너무 빨라서
이제는 더하는 것보다 빼는 것이 더 빠른

사진보다 더 늙은 사람이 늘어갈수록
미래를 더 찍을 수는 없겠지만
그 시간만큼은 행복해 보입니다

처음이 마지막이 되었을 때
우리는 다행이라고 부를까요
시간 속에서 흐르는 것들이

파도를 가지고 있는 것은

행복의 속성을 닮았기 때문입니다


꿈속에서 나를 부르던 당신이

사진에서 걸어 나와 거실에 앉습니다

남향집 햇볕은 거실 끝까지 닿고

빨래를 개고 있는 당신이

부엌에서 김치찜을 하고 있는 동안

밥솥에서 김을 빼는 소리가 들리고


당신이 이제

물거품이 되어 사라질 것 같습니다


우리 모두는 빛 속에서 왔다가

빛으로 사라질 테지만

거실 한가운데 웃음만큼은 사라지지 않을 것입니다

# 봄의 무도곡


설렘은 어떤 계절의 첫말일까요
잠을 잊고 써 내려간 봄의 이력서에는

상상력으로 지은 집이 오늘도 푸른 그림자를 끌며 손님을 기다립니다 잠시 쉬었다 갈 휴양지 같은 집에는 중정이 있고 중정에는 자작나무가 구름 속을 들여다보다가 빗방울을 훔쳐내기도 합니다

어제 내리다 그친 눈은 마침표를 흘리듯 쓰고 강풍과 건조주의보로 타오르는 화염을 온몸으로 진화한 빗줄기가 하루 종일 내렸습니다 세상은 잠시 소강상태일 뿐 더 큰 반란을 숨겨두고 있지요

베란다에는 구름을 벗어난 물방울들이 매달려 있어요

누군가 버린 대본에는 말랑한 속도와 내간체의 한숨이 홍

매로 피어오르고 있습니다 세상은 봄을 기다리는 고양이처럼 갸르릉거리고

  이제 막 고요를 뚫고 나온 새싹들은 후회를 모르는 초록의 진술만 가득한데

  높이와 속도를 가진 것들은
놀이동산에서 바이킹을 타고 벚꽃 향기에 소리를 지릅니다
빛나는 방법을 알고 있지요

숨을 몰아쉬는 계절에는
꽃과 잎들의 짧은 입맞춤으로 초록빛 대사가 쏟아져 나와

봄에는 사랑을 배워야지 다짐을 약속으로 바꾸고 싶은

# L 크기의 흰구름을 주문합니다

몽글몽글해서 떨어질 것 같은
흐릿해서 만져지지 않는
혹은 소멸 직전의 흩뿌려진
동그랗게 굴려야 알 수 있을 것 같은
한여름입니다

L 크기를 주문합니다
어디에서도 주문할 수 있는 계절에는
드레스 같은 구름을 입고 걷습니다

입고 걷는 것은 연습이 필요합니다
의심 없이 다리를 먼저 넣고 확신을 가지고 팔을 넣고
삼 분 뒤 발생할 수 있는 상황을 예측하며 지퍼를 올립니다

구름 속에 든 빗방울들이 내 등을 타고 흘러 계곡 물소리가 납니다

참방참방 발 담그는 소리에 여름이 붉어집니다

아버지는 붉은 계절을 좋아했고

내 그리움은 노을보다 더 붉습니다

구름이 많아지는 계절입니다

사람들은 자기의 색깔이 회색이었다고 말하지만

본래는 흰색이었다는 것을 알고 있습니다

붉은 발자국을 따라가면

대나무 숲 아래에서 먼 산을 바라보는

뒷모습이 찍혀 있습니다

구름을 입고 있는 동안에는 사소한 질문들이 길어지고

모두가 알고 있는 공식적인 것은 어디에도 없습니다

먼 훗날 오늘 입었던 구름 이야기를 쏟아낼지도 모를 일입니다

# holiday

지루하고도 위험한 하루 끝에는 내일이라는 holiday

장난 같은 어제를 벗어던져도 새로운 오늘은 오지 않고
그저 다른 느낌의 오늘을 나 아닌 다른 사람들이
대신 짊어지고 가는 것을 용서라고 부르면 달아나는 것이
holiday

부러진 꽃이 얼마나 이기적으로 발악하는지 보여줄게요

1% 차이로 기울어진 선택을 하면 holiday로 가는 티켓을 얻을 수 있어요

티켓에는 이름이 없고 행선지도 없지만 정해진 목표만큼 티켓의 수가 늘어요

사람들이 모일수록

더 유익해지는 것이 holiday만의 법칙

투명한 얼굴을 잘라 어딘가에 붙여놓으면 holiday로 가는

첫 계단이 되는 거예요


오늘부터 시작된 holiday

낯선 방식을 뒤집어도 새로운 방식은 없고

삶이란 번식과 복제의 도넛

뚫린 구멍 사이로 빠져드는 얼굴들과

이곳에 적혀있는 이름들은 고전적인 수법으로 기록되고


살아있는 것과 죽어있는 것에는 차이가 없어

한 발자국 앞서간 그림자가 몰려들면 떠나는 거야


당신과 내가 함께 떠나는 holiday


촛불 하나 켜지면 축복처럼 떠오르는 holiday

# 바람의 첫날은 변주되고

구월 첫날의 바람은 따뜻했어
에어컨을 틀고 이불을 덮고 자는 것처럼

하얀 사탕에 노란 비스킷의 쿠키를 선물로 받았다면
단맛과 짠맛의 마지막까지 그들의 결혼은
허니문이 될 수 있을까

눈썹 리터치는 처음 했던 때보다 더 간절했어
눈썹은 매번 짝짝이라 두꺼워져도 비슷해질 뿐

사람을 좋아해서
30년째 남의 편인 사람이
내 편이 될 수 없는 이유가 있어
나열하면 할수록 주어는 변주되고

수퍼 블루문이 아파트 위로 떠오르고 있어

14년 뒤에나 볼 수 있다는 수퍼 블루문은
밝고 환한 내일의 길조일까
달의 배후처럼 오늘의 그림자만 남길까


바다에 다다른 발가락들은 피아노를 연주하고
꽃들은 시간에 밀려서 지고 있어


흰색의 구절초가 분홍이었다는 것을 모르듯
구월의 바람은 담요를 덮고 있는 듯 따뜻했어

## 우리가 입는 이 옷을 뭐라고 부를까요


한 공간에서 나와 너는 같은 숨을 쉬지만
다른 호흡법으로 서로를 모른 척하고
따듯한 악수보다 가벼운 목례로
한 걸음 물러나 서로를 보호하고
그래서 우리는 더욱 견고해지는

결국 우리의 불시착지인 사막에서
뜨거운 모래 위를 걷고
바람을 그리워하고
오아시스를 찾아 헤매는
짧은 호흡 대신 복식호흡으로
이곳에 당신을 초대합니다

우리의 계절은 주야장천 여름을 빠져나오지 못하고
꿈꾸는 흰구름의 나른함을 잊어가지요
회색 구름의 빗방울을 직감했을 때

우비를 입고서도 비에 젖고

비릿한 냄새를 맡고 있습니다

우기에 든 동물들의 발자국이 하얀 대지를 훑습니다


자전의 속도보다 빠른 속도로

우리를 안내하는 시간을 따라 당도하게 되는


서로의 그림자를 밟지 않는 간격을 두고

우리가 입는 이 옷을 뭐라고 부를까요

# 백만 번째 숫자

오메!
한마디 탄식의 말을 툭 던지고
접어놓았던 시간을 잠시 들여다보고
가버린 그들은
모였다가 흩어지는 먹구름 같아요

밤이면 커다란 코끼리 한 마리가 먹이를 달라고 울어대요
코끼리의 먹이를 구하기 위해
풀을 베고 말려서 작게 썰어야 하는 일
밤은 너무 길고
새벽의 빗장은 너무 가볍고
바람에 팔랑거려 반란을 꿈꾸는
시곗바늘은 달아나기 바쁘고

괜찮다 건네는 위로로는 채워지지 않는
간극의 문 앞에서

떨어지는 수직의 강직함과

누워있는 수평의 고요함

시간과 공간의 교집합으로 한 생의 염증은 곪아 터져요


매일 한 편의 드라마를 찍듯

속주머니에 얼굴을 감춰두고

이름 대신 숫자를 가지게 되었지만


하나의 돌이 쌓여 돌탑이 되듯 백만 번째

연꽃으로 피어나 연잎으로 흔들려요

# 폴크사가*라는 보름달을 입는다


보름달 속에서 토끼가 절구를 찧어 수천 개의 단팥빵을 만들면
거북이가 트럭으로 빵을 배달했어
이것이 폴크사가라는 보름달을 우리가 먹는 방법이야

보름달의 표면에는 밀가루와 이스트가 적절하게 배합되어
한껏 부풀어 올라 중심을 놓인 팥 혹은 슈크림을 감싸고 있어
이것이 폴크사가라는 보름달을 만드는 방법이야

헨젤과 그레텔은 쿠키를 더 좋아하겠지만
우리의 정서에는 단팥빵이지

불을 끄는 소방관들이 먹었던 빵과 우유는 단팥빵일 거야
새벽에 파는 보름달을 먹다가 남으면 담요처럼 두르고 쉴 수 있으니까

왜 보름달이 조금 비어 보이는 건지 이제야 알겠어
심술궂은 토끼가 슬쩍 먹고 작은 대문을 만들었기 때문일 거야


다섯 개의 단팥빵을 점심으로 나누어도 다시 다섯 개가 되는 것은
폴크사가의 전형적인 이야기야


귀로 들었던 이야기가 더 매력적인 것은
신이 선물한 상상력의 증폭이 아닐까


폴크사가가 탄생하는 이른 새벽에는
천사의 노래를 들을 수 있는 귀가 열리지


*스웨덴어로 전설이라는 뜻

# 관계의 모호함

그와 그녀 사이에 보이지 않은 사선이 내겐 없었어
아니 정확히 말하면 밑변이 되기 싫었어

그와 그녀의 공통 분모는 벚꽃송이였고
나는 팝콘처럼 튀어 오르는 무모함으로
별의 꼭지점을 그렸어

나 혼자 승강기를 탔는데 멈춰버렸을 때
비상 장치를 누르고
기다려야 할 때처럼
그와 그녀 사이에서 갇혔다는 것은
거울 속에서 발을 잃어버리고
담장 넝쿨 초록의 손을 빛의 속도로 뻗어야 하는

나는 새장 속의 앵무새
그레이의 가면을 벗지 못하지

새빨간 색채만 노을이 아니라고 말하여졌을 때
그와 그녀를 지난 달력처럼 넘겨버렸어


빗변 하나가 실선으로 흩어져 또 다른 빗변으로 우주를 유영하는 별이 되는 것처럼


세상의 모든 관계의 사슬에서 언제나 혼자가 되는 운명처럼

# 흉터

한 자리에 백일홍처럼 피어난 꽃이었다

더 이상 자라지 않는 마음처럼
페매도 처음으로 되돌아갈 수 없는 지평선의 흔적이었다

이십 년이 지나고도 잊히지 않는 아픔이
손으로만 확인할 수 있는 그 자리에서 그림이 되었다

때로는 몽돌처럼 부딪치고 닳아져 사라져도 좋았을
그래서 흔적만으로 짐작할 수 있는 이름처럼

희미해진 시간의 눈을 밟으며
햇볕에 사르르 녹았으면 하는

바다는 백색의 소용돌이다
파도 소리를 심장에 묻고 있어서 더 서글프다

행운을 가져오는 별똥별도

우주에서 버려진 행성으로 떠돌다

지구로 떨어지는 운명의 화살이 아닐까


바벨탑을 짓다 벽돌이 되어버린 사람들

새로운 언어는 흉터를 가지고 태어난다


흉터를 가진 것들은

높은 계단을 스스로 만들면서 살아간다

# 착시

햇볕이 너무 뜨거워서
잠깐 물결이 보였어

바다를 꿈꾸는 중이야
너무 깊어 빠진 줄도 모르고 헤엄치는

밖은 연일 폭염 경보 중
입추가 와도 폭염 경보 중

태풍 앞에서 더 맹렬히 타오르지
아마 내일 중으로 기세가 꺾이겠지만
꽉 붙들고 있어 떨어지지 않게

머그컵은 따뜻하고 커피는 차갑게
이게 내가 여름에 커피를 마시는 법이라면
얼음은 컵이 따뜻한 뒤에 넣고

차가움과 따뜻함이 공존하는
아주 기막힌 타이밍을 찾아야 해
이것이 나의 연애 방식이니까

병원 가는 일과 십여 개의 알약 먹는 일
밥 먹고 커피 마시고 낮잠 자는 일

직사각 프레임의 하늘이 유리창에 걸렸어
대나무 숲은 요동치고 구름은 너무 하얘

팔월의 하늘을 사진 속에 담으면
흐릿했던 글씨들이 선명하게 보이는 건 왜일까

사진에 찍힌 배롱나무보다
눈으로 보는 배롱나무 색깔이 더 예쁜 거 알지

너도 그랬나 봐

※ 해설

# 심장으로 만든 날개들의 경계 허물기

김기덕 (시인)


 억압 없는 충동의 만족을 실현한다는 프로이트의 승화이론은 근원적 어머니의 신체 이미지에 가해진 상상적 손상을 상징적으로 회복시키려는 복원에 토대한다. 하지만 라깡은 모성적 신체의 손상된 환상을 복구하려는 시도가 헛됨을 언급한다. 왜냐하면 모성적 신체의 손상된 이미지가 복구된다고 해도 그것이 환상의 범주에 속하는 한 주체의 억압 없는 충동의 만족은 불가능하기 때문이다. 만약 승화의 개념을 모성적 신체 이미지의 복구로 가정한다면 이러한 복구는 결국 상징계의 이미지에 사로잡히는 오류를 범하게 된다. 예를 들어 훼손된 모성적 신체 이미지의 복구에 미술 같은 창작 행위가 기여할 수 있다면, 그러한 행위를 인증해 줄 사회적 보편이 초월적으로 존재해야 한다. 하지만 예술의 역사는 단절과 도약의 역사이기에 무엇이 복구된 아름다움인지 일관되게 증언해 줄 기준이 없다.

라깡은 자끄 프레베르의 성냥갑 수집 일화를 소개하면서 승화의 구도와 형상에 대한 새로운 가능성을 발견하고 극단적 경험의 만족을 느꼈다고 한다. 성냥갑이 그저 하나의 오브제가 아니라 다수성이라는 압도의 형식이 큰사물이 되도록 제시되어 있다는 점이다. 그와 같이 정렬의 방식으로 제시된 성냥갑이 단지 유용성이나 플라톤적 의미로 자기 자신의 존재에 일치하는 사물이 아니라는 점이다. 라깡의 언급으로 승화는 결국 사물성을 드러내는 과정이라는 사실을 알 수 있다.

인위적인 어떤 절차가 대상을 이미지화 연쇄의 차원에서 큰사물의 차원으로 벗어나게 만든다면 하나의 사물은 의미를 소유하는 현상계가 아니라 현상이 시작되기 직전의 텅 빈 장소로 들어서게 되며 이 경계를 넘어설 때 대상의 차원과 의미의 현상계를 빠져나가는 새로운 만족의 경험, 새로운 의미가 창출한다. 언어의 개념적 유형, 또는 유용성에서 벗어나 사물성으로서의 상징적 존재로 거듭난 기표적 언어는 예술적 승화를 가져오며 의미에 사로잡히지 않음으로써 욕망을 자극하지 않는 만족의 쾌감을 출현시킨다. 예술적 승화의 결과는 상징계의 억압을 벗어난 실재계의 접근을 가능케 한다.

시인은 경계에 서 있는 자이다. 굳어진 상징계의 기표에서 새로운 기의의 탈주선을 만들고, 기표들의 공백에서 파괴의 사물성 언어들을 창조하는 자이다. 고경자 시인의 작품들은 상징계로 굳어진 기표들의 경계에서 새로운 개념의 파괴를 시도한다. 상징계의 벽을 허물고 새로운 영토에 들어선다. 그것은 상징계와 대타자로부터 독립된 새로운 방식이며, 문학적 승화를 이루기 위한 기의들의 경계를 넘는 도발적 시도이다.

하늘을 걷는 것이 세계를 구하는 방식이라
흔들리는 바람에도 내색하지 않는 행갈이는
내가 갖추어야 할 자세 중 하나다

생존의 늪은 공간을 확장하고
절벽은 눈앞의 착각이라 내딛는 첫발로 가늠할 수 있어
계단이라 믿으며 걷는다

향기로 사로잡을 수 있는 것은 한순간뿐
유혹하거나 유혹당하거나
선택할 수 있는 것은 초침의 속도라서
하늘길에는 새장에 갇힌 것들의 깃털들이 쌓이고

블랙박스로도 잡히지 않는 사각지대에서
식물들의 노래는
햇볕 아래에 더 잘 들을 수 있어 명랑하다

우리가 정상이라 부르는 구름 속을 통과해
한순간 우주로 팽창하며 날아간다

한 문장이 완성되는 것은
붉은 장미의 꽃잎이 터져 나오는 순간이다

깨어난 말들은 푸른 날개를 가지고
막다른
한계에서 하늘을 걷는다

세계는 스페이스에 매달려 손을 뻗는다
―「스페이스 워크」 전문

 고경자 시인의 「스페이스 워크」는 언어의 대기권을 벗어나 자유로운 경지로 나아가고자 하는 꿈이 담겨있다. 스페이스는 보편적 사고의 한계를 벗어난 초월적 승화의 세계이며, 영원과 맞닿은 다차원의 상징적 세계이다. 현실 차원의 경계를 넘어선 무한의 세계, 또는 깨달음의 속탈적 경지로, 하늘을 걷는 것이 세계를 구하는 방식이라고 생각한다. 그 방식은 곧 자신을 구원하는 양식이며, 이상을 실현하는 방법으로써의 글쓰기다. 고경자 시인의 행갈이는 법칙이나 원칙의 억압적 흐름에 영향을 받지 않는 자유로운 작품세계의 추구이며, 생존의 늪을 벗어나고 싶은 변화의 방식이다. 현실의 늪은 날마다 확장되며 지독하게 깊어진다. 그 늪을 벗어나기 위한 도약은 늘 두려움의 절벽을 만들고 하루하루 추락할 것 같은 긴장이 엄습하지만, 시인은 계단이라 믿으며 도전한다.

고경자 시인은 한 문장이 완성되는 것을 붉은 장미의 꽃잎이 터져 나오는 순간이라고 말한다. 문장의 완성은 승화된 창조의 과정이며, 현실적 정상이라고 부르는 경계를 벗어나 우주로 향하는 의식의 팽창, 굳어진 상징계의 틀을 깨뜨리는 빅뱅의 세계인 것이다. 깨어난 말들이 푸른 날개를 가지고 한계를 넘어서 새로운 창조적 영토, 즉 약속된 언어의 죽은 상징계에서 행갈이 할 수 있는 날개를 달고 날마다 팽창하는 시의 우주적 스페이스를 걷는 것을 시인은 꿈꾸고 있다. 이러한 행갈이는 의식의 도약으로 감정적 에너지를 만드는 또 다른 빛이며 사물의 경계를 넘는 기의들의 행갈이다.

삽목한 화살나무에게 아파트는 낮은 천장이었다

뚫고 나갈 수 없는 단단한 창문은
낮은 의자처럼 둥글고 모난 곳이 없다

잎들은 바닥과 천장의 거리만큼 날개를 펼칠 수 있고
나무는 머리 위의 세계가 궁금해 더 높이 자란다

열매가 빨갛게 익어가면 새들이 찾아온다
부러진 자신의 날개를 코르크 날개로 바꾸고

붉은 열매를 쪼아 먹은 새들은
당겨진 활시위만큼 팽팽해져 붉은 심장을 토해낸다

날 수 없는 날만큼 심장은 작아지고

벽과 벽 사이에는 날아간 화살이 박혀있어
뽑아낼수록 더 깊이 박혀 벽을 쪼아대고 있다

아파트 베란다에는 낮은 물살로도 움직일 수 있는 작은 배가 있어
매일 아침 항해지표를 입력하고 저녁이면 완전히 지웠다

화살나무로 바다가 된 베란다에 무심한 달빛이 노를 저으면

떨어진 잎들의 새벽이 찾아든다

새벽에는 모든 것들이 부활의 자세를 취한다

포근한 베란다에서 낮은 천장을 뚫고 날아갈 날개는
붉은 심장으로 만들어졌다
─「프로텍티트 에어리어」 전문

　프로텍티트 에어리어, 즉 보호구역은 벗어나야 할 한계인 것이다. 자신은 화살나무로 존재할 뿐 화살이 될 수 없다. 아파트라는 공간으로 대변된 삶의 현실은 뚫고 나갈 수 없는 상징계의 공간이지만, 시인은 경계를 벗어날 수 있는 창문을 찾는다. 창문은 높은 차원에 매달려 있기 때문에 낮은 현실적 차원의 의자처럼 둥글고 모난 점, 즉 사실적 존재, 태워지기 전의 향처럼 승화 이전의 단계에 머물러 있는 상태를 상징한다. 그래서 욕망과 의지로 표현된 잎과 나무는 천장의 거리만큼 날개를 펼칠 수 있다고 표현한다. 이러한 염원의 작품세계를 펼치지 못하는 날개는 부러진 날개이며, 날 수 없는 심장은 꿈의 박동을 멈추고 쪼그라들 수밖에 없다. 시인의 아파트 벽엔 이러한 열망의 화살들이 뽑아낼 수 없는 깊이로 박혀있다.

시 작업에 전념하는 하루를 시인은 노 젓는 항해로 표현한다. 치열하지만 한편으로는 달빛이 되어 무심한 노를 젓고 있다. 그것은 서두르지 않는 작업이며, 끈기가 담긴 인고의 과정이며, 붉은 심장을 토하는 고난의 작업인 것이다. 그래서 오직 붉은 심장으로 만들어진 날개만이 프로텍티트 에어리어, 즉 인간적 한계와 상징적 경계의 창을 열고 하늘로 날아갈 수 있다는 것이다.

「프로텍티트 에어리어」는 「스페이스 워크」와 마찬가지로 시인으로서의 차원 높은 경지를 이루기 위한 열망이 담겨 있다고 볼 수 있다. 이러한 열망은 승화로 나타나며, 파괴와 도약 생성과 소멸의 관계로 드러난다. 세상 만물은 팽창과 수축의 법칙 속에 존재하며 한곳에 머물지 않는 변화의 속성을 갖는다. 세포 하나의 정자가 잉태되어 35조 개의 세포로 분화, 성인의 단계에 다다르는 것은 세상의 이치이지만, 그것의 근원을 추구하여 나아갈 수밖에 없는 근본적 욕망은 바로 에너지이다. 그 에너지는 분해와 결합 속에서 생성되며 도약하는 입자들의 파동에서 발생한다. 탄생과 마찬가지로 분해되는 소멸 속에서도 엄청난 에너지가 발생하며 또 다른 승화의 과정인 사물에서 사물성으로 전환된다.

당신이 처녀나무 꽃잎처럼 나풀거려요

언젠가 우리의 세상이 파괴될 거라는 세상의 소문을 퍼뜨리는 먼지들의 잔꾀가 소용돌이쳐요

먼지로 가득한 세상에는 밝은 눈을 가진 예언자가 없어 그들의 어떤 말도 짠맛을 잃어버린 소금처럼 버려져요

매일 창문들이 흔들리는 이유는 얇아진 귀로 거르지 못한 소문을 쉽게 믿었기 때문이에요

사물의 표면에서 떨어진 것들은 붙어있었던 지난날들을 생각해요 굴절된 햇살 아래에서 속죄를 꿈꾸는 어린 양처럼 순진하고 겸허하게

하루하루 창들은 늘어가고 폭증하는 말들은 접어둔 바람을 타고 혈관 속으로 스며들어요

어제 넣어둔 꿈들이 접근금지 해제되기 전 불면증을 앓고 있어요

당신에게서 떨어진 나는 심장이 멈춰버렸고 돌아갈 길은 하나뿐인데

수 세기 전 도착한 예언은 설명이 필요하고
눈먼 시대에 귀가 먼 말들이 달콤한 입속에서 수런거려요

눈물이 나풀거리는 꽃잎을 멈추게 하면
예지몽을 꾼 당신이 깨어나요

—「말의 속도」 전문

  언어의 개념적 탈피는 배치의 관계에 의해서 차원을 달리한다. 언어는 독단적으로 새롭게 해석되지 않는다. 관계성의 상황적 변화에 의해 다양한 기의로 탈바꿈한다. 언어의 승화는 사전적 개념 안에 있지 않고 그 경계를 넘을 때 발생하지만 그 경계는 독자적으로 넘을 수 있는 차원이 아니라 주변과의 배치적 관계에 의해서 발생하는 해석적 맥락을 취한다. 언어의 변화를 보려면 문장 안에서 언어의 배치를 보아야 하며, 접속, 이접, 통접의 관계성 속에서 창출된 언어를 재해석해야 한다. 시는 이런 접속의 관계를 만듦으로써 다층적 해석, 개념의 창조, 기의의 파생을 만드는 잉태와 출산의 배치가 전제된다.

  고경자 시인의 「말의 속도」는 꽃잎과 인간의 경계 허물기이다. 당신과 처녀나무가 배치됨으로써 동일체를 만들고, 그 안에서 먼지, 이파리, 햇살, 바람, 꽃잎 등의 접속을 통해

새로운 개념을 만들고 있다. 먼지는 소문으로, 이파리는 흔들리는 창문으로, 굴절된 햇살은 구원의 말씀으로, 바람은 온몸으로 전해지는 혈관으로, 꽃잎은 당신이자 당신의 눈꺼풀이 되어 예지몽을 꾸고 세상을 위해 깨어난다. 꽃잎의 향기는 세상을 위한 달콤한 언어이며, 구원의 예언이다. 곧 선포될 것 같은 눈먼 시대에 자신이 돌아갈 곳은 한 곳뿐이라는 표현의 기의를 씀으로써 진정한 사랑의 믿음, 승화된 종교적 차원의 기표를 세웠다. 이처럼 시적 언어는 독자적, 직선적으로 해석되지 않는다. 언어의 승화, 기표에서 기존의 기의들을 빼내고 폭약 같은 새로운 기의를 채움으로 마음을 움직일 수 있는 감동, 또는 깨달음의 에너지를 터트리는 것이다.

동그란 경전이 연잎 위에서 춤을 추고 있다

공중에서 떨어진 물방울들이 모여
세상을 바라보는 하나의 눈이 되었고

손을 내밀었다 주먹을 쥐고 돌아서면
그의 뒷모습 같은 얼굴이 어롱거렸다

지난밤 울컥대며 쏟아지는 소리는
까만 어둠 속에서 꽃대가 올라오는 노래

허공에서 말 대신 춤을 추는 것은
작은 물방울이 큰 바다를 품었기 때문이다

진흙밭에서 혹은 허공에서
푸른 연잎들이 행간을 향해 흔들리고

물방울들이 승무의 긴 옷자락이 되어 나풀거리고

하늘을 쳐다보는 민낯의 시간 앞에서
물방울로 모여진 손들은 푸른 말로 영글어간다

나에게 물방울의 춤사위가 있다면
경전을 해석하는 한 개의 눈을 가질 수 있을까

세상은 온통 연잎 위에 물방울 구르는 소리로 가득하다
  ―「연잎 위를 구르는 물방울들」 전문

과학적으로도 우리는 자신의 경계에 갇힌 자들이다. 원자 단계의 입자들이 세포라는 경계를 만들고 그 경계들이 모여 사물 및 생명체를 이루고 있다. 인간도 무수한 원자들의 결합이다. 그 결합은 에너지를 만들고, 언어와 사고, 행동을 만든다. 분해의 과정인 죽음을 통해서도 인간은 충격과 절망, 허무라는 추상적 에너지를 만든다. 언어, 종교와 철학이 분해와 결합의 관계이다. 분해와 결합은 새로운 도약 속에서 스스로에게 빛과 에너지로 돌려진다.

고경자 시인은 연잎 위에 구르는 물방울을 경전과 접속하여 물방울이라는 기표에 또 다른 도약의 기의를 만든다. 연잎 위의 물방울은 경전이다라는 개념의 확장, 경계 허물기는 또 다른 감정적 에너지를 산출한다. 그 에너지는 공감적 사고를 만들며 자신을 또 다른 물방울로 변화시킨다. 그 순간 물방울은 눈이 되고, 노래가 되고, 춤이 되고, 바다가 된다. 물방울은 또한 다른 여러 물방울들로 이루어진 염원의 손들, 푸른 언어로 영글어 간다. 물방울이 경전으로 해석되는 순간이 곧 언어가 도약을 이루어 빛을 발하는 양자도약적 경지인 것이다.

언어의 경계를 허문 시인은 개념적 기의에 쫓기지 않는다. 무한한 자유의 언어 속에서 기표들에 대한 전능자적 취사선택이 가능하다. 접속과 탈취, 이접과 통접을 통한 자기만의 진정한 상징적 영토를 구축할 수 있을 것이다. 그 속에는 비논리의 논리, 선명한 모호함, 불확실의 확실성 같은 초월적 사고의 세계가 어색하지 않은 친근함으로 다가올 것이다.

   고경자 시인의 시 세계는 제목에서 주어진 바와 같이 날개는 붉은 심장으로 만들어졌다로 대변된다. 그녀의 삶은 「호접몽」에 나타난 내용처럼 자신의 뜻대로 되지 않는 현실의 벽에서 하늘 높이 매달린 창을 바라보며 날개를 꿈꿔왔다. 하지만 그녀의 날개는 자연스럽게 어깨에서 돋은 것이 아니라 가슴을 파헤치고 심장을 꺼내야만 만들 수 있는 심장 날개였다. 그 심장 날개는 개념을 파괴하며 경계를 넘어야 하는 스페이스 워크의 시적 접근이었다. 시인이 꿈꾸는 진정한 스페이스 워크의 존재는 사라져야 할 순간에도 사라지지 않는 낮달 같은 존재다. 아직은 하늘에 갇혀 깃발처럼 펄럭이는 미약한 존재지만 한 발자국 자신의 꿈에 가까이 가고 있다는 사실을 믿고 있다. 고경자 시인에게 있어서 시는 현실을 뛰어넘고자 하는 종교와 같은 것이다. 예수는 부활을 설교했고, 부처는 해탈을 설파했다. 부활도 해탈도 상징계의 경계를 넘는 일이며, 승화적 차원으로 도약하는 큰 사물의 접근이다. 기존의 개념을 깨뜨리고 한정된 의식의 벽을 넘어 매일 붉은 심장으로 날개를 만든 고경자 시인의 작품이 온 세상에 밝은 빛으로 펄럭이기를 기원한다.

현대시학시인선 38
## 날개는 붉은 심장으로 만들어졌다

초판 1쇄 발행   2024년 4월 20일

지은이          고경자
발행인          전기화
책임편집        이용헌

발행처          현대시학사
등록일          1969년 1월 21일
등록번호        종로 라 00079호
주소            서울시 종로구 계동길 41
전화            02.701.2341
블로그          http://blog.daum.net/hdsh69
이메일          hdsh69@hanmail.net
배포처          (주)명문사 02.319.8663

ISBN           979-11-93615-54-6  03810

○ 책값은 뒤표지에 있습니다.
○ 이 책의 판권은 지은이와 현대시학사에 있습니다.
   이 책 내용의 전부 또는 일부를 재사용하려면 반드시 양측의 서면 동의를 받아야 합니다.
○ 잘못 만들어진 책은 구입하신 서점에서 교환해드립니다.